"Il Potere della Disciplina: Come Sfruttarla per Raggiungere i Tuoi Obiettivi"

Introduzione

- Cos'è la disciplina e perché è fondamentale per il successo.
- La differenza tra disciplina e motivazione: la disciplina è la chiave per il progresso costante.

Capitolo 1: La Disciplina Come Fondamento del Successo

- La definizione di disciplina.
- Storie ispiratrici di persone che hanno raggiunto il successo grazie alla disciplina.
- Come la disciplina influisce sulla crescita personale.

Capitolo 2: Perché è così Difficile Essere Disciplinati?

- Le sfide comuni che le persone affrontano (procrastinazione, mancanza di motivazione, mancanza di routine).
- La psicologia dietro la difficoltà di essere disciplinati.

Capitolo 3: Come Costruire Abitudini Disciplinate

- L'importanza delle routine giornaliere.
- Strategie per creare e mantenere abitudini positive.
- Come superare la tentazione di procrastinare.
- L'efficacia della "regola dei 2 minuti" (iniziare con piccoli passi).

Capitolo 4: Come Mantenere la Disciplina Quando è Difficile

- L'importanza di avere obiettivi chiari e raggiungibili.
- Tecniche per rimanere motivati anche quando la motivazione scende (es. visualizzazione, journaling, tracking).
- Gestire gli ostacoli e le distrazioni.

Capitolo 5: La Disciplina come Strumento di Crescita Personale

- Come la disciplina può migliorare le tue relazioni, la tua carriera e la tua salute.
- Esempi di grandi leader e atleti che attribuiscono il loro successo alla disciplina.
- L'effetto della disciplina sul miglioramento continuo (l'effetto della "compounding").

Capitolo 6: Il Potere della Costanza: Perché la Disciplina è Meglio della Motivazione

- La differenza tra motivazione e disciplina.
- Come la costanza porta ai risultati duraturi, anche quando la motivazione cala.

- Creare un mindset disciplinato che ti sostiene anche nei momenti difficili.

Capitolo 7: La disciplina come forza interiore

Capitolo 8: Sostenere la Disciplina nel Lungo Periodo

Capitolo 1: La Disciplina Come Fondamento del Successo

1.1 Che cos'è la disciplina?

La disciplina è la capacità di mantenere l'impegno verso un obiettivo a lungo termine, anche quando la motivazione iniziale diminuisce. Si tratta di agire con costanza, responsabilità e autocontrollo, facendo ciò che è necessario, anche quando non abbiamo voglia. La disciplina non è solo una questione di forza di volontà, ma riguarda anche la creazione di buone abitudini, la gestione del tempo e l'autosufficienza mentale.

- **Esempio pratico**: Immagina un atleta che si allena ogni giorno, anche quando è stanco o quando l'entusiasmo è calato. La sua forza non è solo nella motivazione, ma nella sua disciplina di allenarsi regolarmente. Ogni piccolo passo porta al successo, ma solo attraverso la costanza e la perseveranza.

1.2 La disciplina e il successo

Molti dei più grandi successi nella vita e nel lavoro non derivano da momenti di grande ispirazione o motivazione, ma piuttosto da azioni quotidiane e da una mentalità disciplinata. Senza disciplina, anche la motivazione più forte può svanire rapidamente. La disciplina è ciò che permette di rimanere concentrati sui propri obiettivi, anche quando ci sono ostacoli lungo il cammino.

Il ruolo della disciplina nei successi di persone famose:

- **Steve Jobs**: Jobs era noto per la sua ferrea disciplina. Lavorava instancabilmente per perfezionare i suoi prodotti e mantenere la sua visione. La sua capacità di rimanere fedele ai suoi obiettivi, anche quando le difficoltà erano enormi, è uno dei motivi per cui Apple è diventata una delle aziende più influenti al mondo.
- **Oprah Winfrey**: Oprah ha affrontato numerose difficoltà nella sua vita, ma la sua disciplina nel lavorare ogni giorno per i suoi sogni l'ha portata a diventare una delle donne più influenti e ricche del mondo. Ha parlato spesso dell'importanza di stabilire routine quotidiane per raggiungere il successo.

1.3 La disciplina come base per l'autosufficienza

Un altro aspetto fondamentale della disciplina è che ti aiuta a diventare autosufficiente. La disciplina ti permette di assumerti la responsabilità delle tue azioni e decisioni, senza fare affidamento esclusivamente su fattori esterni come la motivazione o l'ispirazione. Essere disciplinati ti consente di:

- **Gestire meglio il tempo**: Organizzare le tue giornate in modo che tu possa dedicare il giusto tempo a ciascun compito.
- **Rimanere focalizzati sugli obiettivi**: Non lasciarti distrarre facilmente, ma continuare a lavorare sui tuoi obiettivi a lungo termine.
- **Superare le difficoltà**: Affrontare le sfide quotidiane con una mentalità che ti permette di non arrenderti facilmente.

Esempio: Immagina una persona che ha un lavoro impegnativo, una famiglia e altri impegni. Senza disciplina, sarebbe facile cadere nella trappola della procrastinazione e non riuscire a gestire il tempo in modo efficace. Con una buona disciplina, però, questa persona può trovare il tempo per fare tutto ciò che è necessario, creando routine che la sostengano e la mantengano sulla strada giusta.

1.4 La disciplina nella vita quotidiana

La disciplina non riguarda solo le grandi decisioni, ma anche le piccole scelte quotidiane. Ogni piccola azione disciplinata che compiamo quotidianamente contribuisce al nostro successo. La disciplina si applica a tutti gli aspetti della nostra vita, dal lavoro allo studio, dalle abitudini alimentari alla cura del corpo. Le decisioni che prendiamo ogni giorno determinano il nostro futuro.

Esempio pratico:

- **L'alimentazione**: Se una persona vuole mantenersi in salute o perdere peso, non basta un singolo giorno di dieta o allenamento. La disciplina consiste nel seguire costantemente le abitudini alimentari sane, anche quando si è tentati di cedere a cibi poco salutari.
- **Studio e apprendimento**: Una persona che vuole diventare esperta in un campo deve impegnarsi ogni giorno a studiare, migliorare e applicare le proprie conoscenze, non solo quando è "ispirata", ma anche quando la motivazione non è al massimo.

1.5 L'importanza di stabilire obiettivi chiari

La disciplina è più facile da mantenere quando hai un obiettivo chiaro e specifico. Senza un obiettivo definito, è facile perdere la motivazione o diventare distratti. Stabilire obiettivi concreti ti aiuta a concentrarti su ciò che è veramente importante, e ti fornisce un "perché" per agire ogni giorno. Gli obiettivi devono essere SMART: Specifici, Misurabili, Accessibili, Rilevanti e Tempificati.

Esempio pratico: Se il tuo obiettivo è "scrivere un libro", non basta avere una visione vaga. Un obiettivo più chiaro sarebbe: "Scrivere 500 parole al giorno per i prossimi 3 mesi". Questo ti dà un obiettivo concreto e misurabile che ti aiuterà a rimanere disciplinato.

1.6 La disciplina è una scelta quotidiana

La disciplina non è qualcosa che si acquisisce una volta per tutte, ma è una scelta quotidiana. Ogni giorno, dobbiamo decidere di agire in modo disciplinato. Ogni piccola azione, come svegliarsi presto, lavorare con impegno e non procrastinare, costruisce la tua capacità di essere disciplinato.

Esercizio pratico: Una delle tecniche più efficaci per sviluppare la disciplina è iniziare con piccole azioni giornaliere. Ad esempio, decidi di dedicare 10 minuti ogni mattina alla lettura di un libro di crescita personale. Ogni giorno, questo piccolo passo ti avvicinerà al tuo obiettivo, e col tempo, diventerà un'abitudine solida che non avrai più bisogno di pensare attivamente.

Conclusione del Capitolo 1

La disciplina è il fondamento del successo. Senza di essa, anche le persone più talentuose possono fallire nel raggiungere i propri obiettivi. La disciplina ti permette di superare la procrastinazione, di rimanere concentrato sui tuoi obiettivi e di agire costantemente verso la realizzazione dei tuoi sogni. Non è una questione di forza di volontà, ma di costruire abitudini efficaci e prendere decisioni quotidiane che ti portino più vicino al successo.

Capitolo 2: Perché è così difficile essere disciplinati?

2.1 La procrastinazione: il nemico della disciplina

La procrastinazione è uno dei principali ostacoli alla disciplina. Si tratta della tendenza a rimandare attività importanti, nonostante si sappia che queste necessitano di essere fatte. In molti casi, la procrastinazione è legata a una sensazione di sovraccarico o paura di non essere all'altezza del compito. Quando ci sentiamo sopraffatti, preferiamo mettere da parte le cose difficili e rimandarle a un "momento migliore" che, nella maggior parte dei casi, non arriva mai.

- **Cosa succede nel nostro cervello?** Quando procrastiniamo, il nostro cervello sceglie l'immediata gratificazione di evitare un compito difficile. La mente è programmata per cercare comfort a breve termine, ed evitare qualcosa che richiede fatica o impegno ci dà un senso di sollievo temporaneo. Tuttavia, questo porta a un accumulo di lavoro e a una crescita del rimorso, che crea un circolo vizioso.
- **Strategie per combattere la procrastinazione**:
    - **La regola dei 2 minuti**: Se un compito richiede meno di 2 minuti, fallo subito. Questa semplice regola aiuta a interrompere la procrastinazione e a costruire l'abitudine di agire immediatamente.
    - **Suddividere i compiti**: Quando un progetto sembra troppo grande, scomponilo in piccole attività. Completare anche una piccola parte ti dà la motivazione per proseguire.
    - **Tecnica Pomodoro**: Dedicare periodi brevi e intensi di lavoro (ad esempio, 25 minuti), seguiti da brevi pause, aiuta a mantenere alta la concentrazione.

2.2 La mancanza di motivazione

Anche quando siamo entusiasti di un obiettivo, la motivazione può svanire rapidamente. La motivazione non è sempre costante e, se ci affidiamo solo a essa, rischiamo di non riuscire a portare a termine i nostri obiettivi. La disciplina, invece, non dipende dall'entusiasmo momentaneo, ma è una forza che ci spinge ad agire costantemente, indipendentemente dai picchi di motivazione.

- **La differenza tra motivazione e disciplina**: La motivazione può essere un carburante che ci fa partire, ma la disciplina è il motore che ci fa continuare. Un esempio classico è l'inizio di una dieta: possiamo sentirci motivati nei primi giorni, ma quando la motivazione cala, è la disciplina che ci aiuta a rimanere sulla strada giusta.
- **Come mantenere alta la motivazione?**
  - **Visualizzazione**: Immagina il risultato finale e come ti sentirai quando avrai raggiunto il tuo obiettivo. Questo ti aiuterà a superare i momenti difficili.
  - **Affronta il tuo "perché"**: Chiediti sempre il motivo per cui stai facendo ciò che fai. Quando il "perché" è chiaro e significativo, la disciplina diventa più facile da mantenere.

2.3 La paura del fallimento

Una delle ragioni più comuni per cui le persone non riescono a mantenere la disciplina è la paura del fallimento. La paura di non essere all'altezza o di fallire può portare a evitare compiti difficili o a procrastinare. Quando siamo troppo focalizzati sulla possibilità di fallire, tendiamo a evitare l'azione per non affrontare la vergogna o il dolore associato al fallimento.

- **Come affrontare la paura del fallimento?**
  - **Rendilo un'opportunità di crescita**: Ogni fallimento è una lezione. Invece di vederlo come una sconfitta, considera ogni errore come un'opportunità di crescita e apprendimento.
  - **Frammenta i compiti**: Se il fallimento sembra un rischio troppo grande, dividi il compito in passi più piccoli, più facili da gestire e affrontare.
  - **Accetta l'imperfezione**: La disciplina non riguarda la perfezione, ma l'impegno costante. Ogni piccolo progresso è un passo verso il successo.

2.4 Le distrazioni

Nel mondo moderno, le distrazioni sono ovunque. Dalle notifiche dei social media, alla televisione, fino ai colleghi o familiari che chiedono la nostra attenzione. Le distrazioni sono un ostacolo costante alla disciplina, in quanto ci allontanano dai nostri compiti principali e ci fanno perdere tempo.

- **Come combattere le distrazioni?**
  - **Creare un ambiente favorevole**: Rimuovi le fonti di distrazione dal tuo ambiente di lavoro. Metti il telefono in modalità "non disturbare", utilizza app che bloccano i social media o crea uno spazio di lavoro tranquillo.
  - **Tecnica delle "finestre di concentrazione"**: Dedica periodi di tempo specifici per lavorare senza interruzioni. Durante queste "finestre", concentrati completamente su ciò che stai facendo.
  - **Imposta priorità**: Organizza la tua giornata dando la priorità alle attività che ti avvicinano ai tuoi obiettivi, ignorando ciò che è meno importante.

2.5 La mancanza di supporto sociale

A volte, le persone non sono disciplinate semplicemente perché non hanno un sistema di supporto che li aiuti a rimanere motivati. Il supporto sociale è fondamentale per mantenere la disciplina, poiché avere qualcuno che ti incoraggia o che ti sfida a fare meglio può essere molto stimolante.

- **Come ottenere il supporto giusto?**
    - **Trova un partner di responsabilità**: Cerca qualcuno con cui condividere i tuoi obiettivi. Questo può essere un amico, un collega o un coach. Avere qualcuno con cui condividere progressi e sfide ti aiuta a rimanere responsabile.
    - **Unisciti a gruppi o comunità online**: Partecipare a gruppi che condividono gli stessi interessi o obiettivi può offrire motivazione extra e un senso di appartenenza.

2.6 La ricerca della perfezione

Molte persone si bloccano perché vogliono che ogni cosa che fanno sia perfetta. Questo desiderio di perfezione può impedire loro di iniziare o di completare un compito. La paura di non fare un lavoro impeccabile crea indecisione e procrastinazione, allontanandoci dalla disciplina.

- **Come affrontare la ricerca della perfezione?**
    - **Accetta il "buono abbastanza"**: A volte, l'importante non è fare le cose perfettamente, ma completarle. Accetta che non tutto sarà perfetto e che la disciplina sta nel fare, non nel perfezionare.
    - **Focalizzati sui progressi, non sui risultati finali**: Piuttosto che concentrarti solo sul risultato finale, apprezza ogni piccolo passo avanti. La perfezione è meno importante del progresso continuo.

2.7 La mancanza di abitudini consolidate

La disciplina è spesso il risultato di abitudini consolidate. Se non hai ancora sviluppato routine quotidiane che ti supportano, è molto più difficile rimanere disciplinati. Le abitudini sono fondamentali perché permettono di automatizzare certi comportamenti, rendendo più facile agire anche quando la motivazione non c'è.

- **Come creare abitudini disciplinate?**
    - **Inizia con piccoli passi**: Non cercare di cambiare tutto in una volta. Inizia con abitudini piccole e sostenibili, come svegliarti 15 minuti prima ogni giorno, o fare una passeggiata ogni sera.
    - **Rendi le abitudini piacevoli**: Associa la tua nuova abitudine a qualcosa che ti piace. Ad esempio, se vuoi iniziare a leggere, fallo mentre ascolti la tua musica preferita.

Conclusione del Capitolo 2

Essere disciplinati non è sempre facile, e le sfide che ci impediscono di esserlo sono molteplici: procrastinazione, mancanza di motivazione, paura del fallimento, distrazioni, mancanza di supporto sociale, perfezionismo e difficoltà nel formare abitudini. Tuttavia, riconoscere questi ostacoli è il primo passo per superarli. Con le giuste strategie, la disciplina diventa una pratica quotidiana che possiamo allenare e migliorare costantemente, avvicinandoci sempre di più ai nostri obiettivi.

Capitolo 3: Come sviluppare la disciplina

3.1 Comprendere l'importanza delle abitudini

La disciplina non è un'abilità che si acquisisce dall'oggi al domani. Si costruisce lentamente attraverso abitudini quotidiane. Le abitudini sono la base della disciplina, poiché permettono di agire senza dover fare affidamento ogni volta sulla forza di volontà. Una buona abitudine, una volta radicata, può diventare automatica, facendo risparmiare energia mentale.

- **Perché le abitudini sono fondamentali?** Le abitudini sono potenti perché ci permettono di ridurre il carico cognitivo. Quando facciamo qualcosa ripetutamente, non dobbiamo più decidere ogni volta se farlo o meno. Le nostre azioni diventano parte della nostra routine, e questo riduce la tentazione di deviare dai nostri obiettivi.
- **Esempio**: Se desideri allenarti ogni giorno, la disciplina non sta nel forzarti a farlo ogni mattina, ma nel costruire l'abitudine di alzarti, vestirti per l'allenamento e farlo automaticamente. Più la ripeti, più diventa facile farlo senza pensarci troppo.

3.2 L'importanza della costanza

La disciplina si sviluppa principalmente attraverso la **costanza**. La chiave per diventare disciplinati è fare piccole azioni quotidiane che contribuiscono al raggiungimento dei propri obiettivi. Anche quando non vediamo risultati immediati, ogni passo compiuto ci porta più vicino alla meta. La costanza è ciò che differenzia chi ha successo da chi si arrende.

- **La forza dei piccoli passi**: La disciplina non riguarda solo i grandi sforzi, ma anche le piccole azioni che compiamo ogni giorno. Anche se un compito sembra insignificante, farlo quotidianamente è ciò che porta ai risultati più duraturi.
  - **Esempio**: Scrivere 200 parole al giorno per un mese ti farà scrivere un libro di 6.000 parole, ma se ti concentri sull'obiettivo finale, il percorso potrebbe sembrare troppo impegnativo. Se invece pensi solo ai 200 parole giornaliere, diventerà una routine gestibile e sostenibile.

3.3 La tecnica delle 21 giorni

Una delle teorie più comuni su come formare una nuova abitudine è che servano circa 21 giorni per consolidarla. Questa idea è stata diffusa dal chirurgo plastico Maxwell Maltz negli anni '60, e sebbene la scienza abbia smentito il numero esatto (a volte ci vogliono più o meno giorni), l'importante è che il cervello ha bisogno di ripetizione costante per associare un comportamento a una nuova routine.

- **Strategia pratica**: Se vuoi sviluppare una nuova abitudine, impegna te stesso a praticarla ogni giorno per almeno 21 giorni consecutivi. Alla fine di questo periodo, l'attività diventerà una parte più naturale della tua giornata.

3.4 La forza della pianificazione

Un altro strumento fondamentale per sviluppare la disciplina è la pianificazione. Pianificare le tue attività ti aiuta a mantenere il controllo del tuo tempo, a ridurre la tentazione di procrastinare e a rimanere concentrato sui tuoi obiettivi. La pianificazione ti consente di stabilire delle priorità, organizzare il tuo lavoro in modo efficiente e avere una visione chiara del tuo percorso.

- **Come pianificare efficacemente?** La pianificazione efficace non significa semplicemente scrivere una lista di cose da fare. Richiede un approccio consapevole e strategico:
  - **Stabilisci obiettivi SMART** (Specifici, Misurabili, Accessibili, Rilevanti e Tempificati).
  - **Organizza il tuo tempo**: Dedica blocchi di tempo a ciascuna attività, con l'intenzione di concentrarti su un singolo compito alla volta.
  - **Imposta dei limiti**: Fissa un orario specifico per iniziare e finire un'attività, in modo da evitare di prolungarla all'infinito.
- **Esempio**: Se il tuo obiettivo è scrivere un libro, pianifica ogni settimana quale parte del libro scrivere. Ad esempio, scrivi 2 capitoli la prima settimana, 3 la seconda, e così via. Questo ti darà una tabella di marcia chiara e raggiungibile, rendendo la disciplina più gestibile.

3.5 La motivazione intrinseca e l'autodisciplina

Molte persone si affidano alla motivazione esterna per iniziare a fare qualcosa, ma per sviluppare la disciplina, è fondamentale trovare una **motivazione intrinseca**. La motivazione intrinseca è quella che nasce dall'interno, dal desiderio di raggiungere un obiettivo personale o di crescere come individuo.

- **Trova il tuo "perché"**: Se vuoi essere disciplinato, devi capire cosa ti motiva veramente. Qual è il motivo profondo per cui desideri raggiungere il tuo obiettivo? Quando hai una chiara visione di ciò che vuoi ottenere, la disciplina diventa più facile da mantenere.
- **Esempio**: Se la tua motivazione per allenarti è semplicemente l'aspetto fisico, potresti perderla rapidamente quando i risultati non arrivano immediatamente. Se, invece, la tua motivazione è la salute, l'energia e il benessere a lungo termine, allora l'allenamento diventa una parte integrante della tua routine quotidiana.

3.6 Superare le tentazioni e le distrazioni

La disciplina è anche una questione di **resistenza alle tentazioni**. Ogni giorno ci sono infinite distrazioni che possono allontanarci dai nostri obiettivi. Che si tratti dei social media, della televisione o di persone che richiedono la nostra attenzione, è fondamentale imparare a dire "no" quando necessario.

- **Come superare le distrazioni?**
  - **Imposta limiti chiari**: Usa il metodo dei "limiti di tempo" per ogni attività. Ad esempio, imposta il telefono in modalità silenziosa per una determinata durata o usa app per bloccare i social media.

- **Crea un ambiente favorevole alla concentrazione**: Organizza il tuo spazio di lavoro in modo da minimizzare le distrazioni visive e sonore. Dedica un angolo tranquillo per le tue attività disciplinate.
- **Pratica la consapevolezza (mindfulness)**: Rimanere presenti nel momento aiuta a evitare di essere distratti dalle tentazioni. Quando ti senti tentato, fermati un attimo e riconsidera la tua priorità.

3.7 L'importanza del riposo e del recupero

Molte persone pensano che per essere disciplinati debbano lavorare senza sosta. In realtà, il recupero e il riposo sono essenziali per mantenere la disciplina a lungo termine. Quando non ci prendiamo cura del nostro corpo e della nostra mente, rischiamo di esaurirci, perdere motivazione e fallire nei nostri obiettivi.

- **Come integrare il riposo nella disciplina?**
  - **Sonno di qualità**: Un buon riposo è cruciale per mantenere alti i livelli di energia e concentrazione. Cerca di dormire 7-9 ore ogni notte.
  - **Pianifica pause**: Se lavori per lunghi periodi, fai pause brevi ma frequenti per recuperare energia. La tecnica Pomodoro, ad esempio, incoraggia pause regolari per mantenere alta la concentrazione.
  - **Dedicati a te stesso**: Trova attività che ti ricaricano, come meditare, leggere o fare esercizio fisico. Questo ti aiuterà a mantenere la disciplina a lungo termine.

3.8 Celebrare i successi

Infine, per sviluppare la disciplina, è importante celebrare i piccoli successi lungo il cammino. Ogni passo compiuto verso il tuo obiettivo è una vittoria che merita di essere riconosciuta. La celebrazione dei successi rinforza la tua motivazione e ti spinge a continuare.

- **Tecniche per celebrare i successi**:
  - **Riconosci i progressi**: Ogni volta che raggiungi un obiettivo intermedio, prenditi un momento per celebrare. Che sia una passeggiata, un piccolo premio o semplicemente un momento di riflessione, riconoscere i progressi ti darà energia per andare avanti.
  - **Tieni traccia dei progressi**: Usa un diario o un'app per registrare i tuoi successi. Rivedere i progressi ti aiuterà a vedere quanto lontano sei arrivato e ti motiverà a continuare.

Conclusione del Capitolo 3

Sviluppare la disciplina è un processo che richiede impegno, costanza e autoconsapevolezza. Le abitudini, la pianificazione, la motivazione intrinseca e la resistenza alle tentazioni sono tutti fattori chiave per costruire una disciplina duratura. Ricorda che la disciplina non è un traguardo, ma una pratica continua che ti permette di affrontare la vita con maggiore determinazione e focalizzazione.

Capitolo 4: Le tecniche per migliorare la disciplina ogni giorno

4.1 La tecnica dei "piccoli passi"

Quando cerchiamo di sviluppare la disciplina, è fondamentale evitare di sentirci sopraffatti. La chiave per il miglioramento quotidiano risiede nel compiere **piccoli passi** costanti. Piuttosto che concentrarsi su obiettivi grandiosi e difficili da raggiungere subito, è più efficace suddividere gli obiettivi in attività quotidiane e gestibili.

- **Perché funziona?** Ogni piccolo passo che facciamo ci avvicina alla meta e ci permette di creare un'abitudine. La disciplina non è costruita da grandi sforzi isolati, ma da azioni regolari e consistenti.
- **Strategia pratica**:
    - **Scomponi obiettivi complessi**: Se il tuo obiettivo è scrivere un libro, non pensare al risultato finale, ma concentrati su una pagina alla volta.
    - **Fai un passo alla volta**: Ad esempio, se vuoi allenarti, inizia con una camminata di 10 minuti al giorno, poi aumenta gradualmente il tempo o l'intensità.

4.2 La regola del "2 minuti"

Un'altra tecnica molto utile per sviluppare la disciplina è la **regola dei 2 minuti**. Questa strategia consiste nel prendere un compito che potrebbe sembrare grande o difficile e ridurlo a un'azione che richiede solo 2 minuti per essere completata. L'idea è che, iniziando con un piccolo passo, sia più facile entrare nello stato di flusso e poi proseguire.

- **Perché funziona?** Spesso rimandiamo le cose perché sono percepite come troppo difficili o noiose. Se ci mettiamo a fare solo i primi 2 minuti di un compito, spesso scopriamo che possiamo andare avanti più a lungo del previsto, proprio perché ci siamo messi in azione.
- **Esempio**:
    - Se il tuo obiettivo è leggere, inizia con 2 minuti di lettura. Probabilmente, una volta iniziato, continuerai per altri 10 o 15 minuti.
    - Se vuoi allenarti, prova con solo 2 minuti di stretching. Questo ti farà entrare in movimento, e il passo successivo sarà più facile.

4.3 La tecnica Pomodoro

Una delle tecniche più popolari per migliorare la produttività e la disciplina è la **Tecnica Pomodoro**, che prevede di lavorare in blocchi di tempo concentrati, seguiti da brevi pause. L'idea alla base di questa tecnica è che il nostro cervello può concentrarsi intensamente solo per un periodo limitato prima di necessitare di una pausa.

- **Come funziona la tecnica Pomodoro?**
    - Scegli un'attività da completare.
    - Imposta un timer per 25 minuti (un "pomodoro").
    - Lavora concentrato sull'attività senza distrazioni fino al termine del tempo.
    - Fai una pausa di 5 minuti.
    - Dopo 4 cicli, fai una pausa più lunga, di 15-30 minuti.

- **Perché funziona?** La tecnica aiuta a mantenere la concentrazione, evita il burnout e aumenta la motivazione, poiché ogni pomodoro rappresenta un piccolo traguardo. Inoltre, le pause frequenti aiutano a mantenere il cervello fresco e produttivo.

4.4 Creare un ambiente favorevole alla disciplina

L'ambiente in cui lavoriamo o viviamo ha un impatto enorme sulla nostra capacità di essere disciplinati. Se circondato da distrazioni o da situazioni che non ci favoriscono, sarà molto più difficile mantenere la concentrazione e l'impegno.

- **Cosa significa creare un ambiente favorevole?** Significa configurare il tuo spazio e le tue abitudini in modo che le distrazioni siano ridotte al minimo e le attività che desideri compiere diventino più facili da realizzare.
- **Strategie per un ambiente favorevole**:
  - **Rimuovi le distrazioni visive**: Se hai bisogno di concentrarti, evita di tenere il telefono vicino. Usa strumenti come applicazioni per bloccare le notifiche.
  - **Ordina il tuo spazio**: Un ambiente pulito e organizzato facilita la concentrazione e la produttività. Rimuovi oggetti che ti distraggono.
  - **Crea routine quotidiane**: Se possibile, dedica una zona della tua casa o del tuo ufficio a determinate attività. Avere spazi separati per lavoro e svago aiuta a concentrarsi meglio.

4.5 Impostare delle priorità

Una parte essenziale del miglioramento della disciplina è imparare a **stabilire priorità**. Non tutto ciò che ci passa per la testa deve essere fatto immediatamente. La chiave è identificare ciò che è veramente importante e concentrarsi su quelle attività che ci portano più vicino ai nostri obiettivi.

- **Strategia per stabilire le priorità**:
  - **Usa la matrice di Eisenhower**: Organizza le tue attività in quattro categorie:
    1. Urgente e importante.
    2. Non urgente, ma importante.
    3. Urgente, ma non importante.
    4. Non urgente e non importante.
  - Concentrati sulle attività urgenti e importanti, e dedica del tempo anche a quelle non urgenti ma significative, che ti aiuteranno a crescere.
- **Perché funziona?** Imparare a fare ciò che è importante prima aiuta a mantenere il focus e ridurre il rischio di disperdere energie in compiti meno rilevanti.

4.6 Monitorare i progressi

Un aspetto cruciale per mantenere alta la motivazione e migliorare la disciplina è **monitorare i progressi**. Vedere i miglioramenti nel tempo ci dà un senso di realizzazione, rafforzando la nostra determinazione a continuare.

- **Come monitorare i progressi?** Puoi utilizzare diversi strumenti per tracciare i tuoi progressi:

- **Diario**: Tieni traccia quotidiana di ciò che hai fatto e dei progressi ottenuti. Questo ti permette di vedere chiaramente i risultati delle tue azioni.
- **App di produttività**: Ci sono diverse applicazioni che ti aiutano a monitorare il completamento dei compiti, come Trello, Todoist o anche semplici calendari.
- **Visualizzazione dei progressi**: Usa grafici o check-list che ti permettano di vedere visivamente quanto stai avanzando verso i tuoi obiettivi.

- **Perché funziona?** Monitorare i progressi aiuta a mantenere la motivazione alta e ti ricorda che ogni piccolo passo compiuto conta. Inoltre, ti aiuta a rimanere responsabile del tuo impegno.

4.7 Gestire il fallimento e l'autocritica

Non sempre raggiungerai i tuoi obiettivi o rispetterai la tua routine. L'importante è come affronti il fallimento e la **tentazione di essere troppo autocritico**. La disciplina non significa essere perfetti, ma piuttosto imparare dai fallimenti e rialzarsi.

- **Strategie per gestire il fallimento**:
    - **Accetta i fallimenti come parte del processo**: Ogni volta che commetti un errore, vedi l'opportunità di apprendere e migliorare. Riconosci i tuoi errori senza farti sopraffare dal senso di colpa.
    - **Sii gentile con te stesso**: La disciplina è fatta di perseveranza, non di perfezione. Non lasciare che un piccolo fallimento ti faccia perdere la motivazione.

4.8 Trovare la tua motivazione intrinseca

Come già accennato, la **motivazione intrinseca** è essenziale per mantenere la disciplina a lungo termine. Se lavori solo per motivi esterni, come l'approvazione degli altri o premi immediati, perderai rapidamente interesse. Se invece hai una motivazione interna forte, che nasce dal desiderio di crescita personale o da un significato profondo legato ai tuoi obiettivi, sarà molto più facile mantenere la disciplina.

- **Come trovare la tua motivazione intrinseca?**
    - **Rifletti sul tuo "perché"**: Chiediti cosa ti spinge a fare ciò che fai. Qual è il beneficio a lungo termine per te? Quando hai una risposta chiara, la disciplina diventa più facile.
    - **Concentrati sul processo, non solo sul risultato**: Impara ad apprezzare il cammino che stai percorrendo, non solo il traguardo finale.

Conclusione del Capitolo 4

Per migliorare la disciplina ogni giorno, è fondamentale applicare tecniche concrete e costanti, come i piccoli passi, la tecnica Pomodoro, la pianificazione delle priorità e la creazione di un ambiente favorevole. Monitorare i progressi e affrontare i fallimenti con gentilezza aiuterà a mantenere alta la motivazione e la resilienza. Con il tempo, queste abitudini diventeranno una parte naturale della tua vita, rendendo la disciplina un alleato potente nel raggiungimento dei tuoi obiettivi.

Capitolo 5: La disciplina nei momenti di difficoltà

5.1 Comprendere il ruolo della disciplina nelle difficoltà

La vita è fatta di alti e bassi, e nei momenti di difficoltà, la disciplina diventa una delle risorse più potenti che possiamo attivare. Quando siamo stanchi, frustrati o sopraffatti, è facile abbandonare i nostri obiettivi o rinunciare a una routine. Tuttavia, la disciplina non è solo per i momenti facili. È proprio nei momenti difficili che essa diventa fondamentale, perché ci permette di rimanere saldi e di continuare a lavorare nonostante le avversità.

- **Perché è importante?** Quando le cose si fanno difficili, la disciplina è ciò che ci permette di restare concentrati sul nostro obiettivo, evitando di cedere alle emozioni temporanee che potrebbero portarci fuori rotta. È facile essere disciplinati quando tutto va bene, ma la vera prova della disciplina arriva quando le cose non sono perfette.
- **Esempio**: Un atleta che si allena per un'importante competizione può trovarsi ad affrontare infortuni, periodi di stanchezza o sconfitte, ma se continua ad allenarsi nonostante le difficoltà, dimostra che la sua disciplina va oltre le circostanze momentanee.

5.2 Affrontare la procrastinazione nei momenti difficili

La procrastinazione è una delle sfide più comuni quando si cerca di mantenere la disciplina, e tende a diventare ancora più forte nei periodi di difficoltà. Quando ci sentiamo sopraffatti, la tendenza è quella di rimandare le cose, spesso perché non sappiamo da dove cominciare o ci sentiamo incapaci di affrontare il compito.

- **Perché procrastiniamo nei momenti difficili?** La procrastinazione può essere una reazione alla paura del fallimento, alla sensazione di non essere all'altezza o alla semplice stanchezza. Quando siamo stressati o emotivamente stanchi, il nostro cervello cerca un sollievo immediato dalle difficoltà, scegliendo attività più facili e meno impegnative.
- **Strategie per combattere la procrastinazione**:
  - **Dividi i compiti in piccoli passi**: Se un compito sembra insormontabile, suddividilo in fasi più piccole e gestibili. Ogni piccolo passo compiuto è un successo.
  - **Applica la regola dei 5 minuti**: Se non ti senti motivato a iniziare, impegna solo 5 minuti in un'attività. Spesso il semplice fatto di iniziare è sufficiente per superare la procrastinazione.
  - **Premiati per i progressi**: Ogni volta che completi un piccolo compito o una fase, concediti una ricompensa. Questo rinforza la tua disciplina e ti motiva a continuare.

5.3 La resilienza: come svilupparla per essere più disciplinati

La **resilienza** è la capacità di riprendersi dalle difficoltà e di affrontare le sfide con un atteggiamento positivo e proattivo. Nei momenti difficili, la resilienza è un aspetto fondamentale della disciplina, perché ti permette di continuare a perseverare nonostante gli ostacoli.

- **Come sviluppare la resilienza?**
  - **Cambia la tua mentalità**: Adotta una mentalità di crescita, che ti aiuti a vedere le difficoltà come opportunità di apprendimento, invece di percepirle come barriere

insormontabili.
- **Pratica la consapevolezza (mindfulness)**: La consapevolezza ti aiuta a rimanere nel momento presente, evitando di essere sopraffatto da pensieri negativi o da preoccupazioni per il futuro.
- **Sii paziente con te stesso**: La resilienza non significa essere perfetti o superare ogni difficoltà senza errori. Significa essere in grado di riprendersi e imparare da ogni esperienza.
- **Esempio**: Un imprenditore che affronta un fallimento può scegliere di arrendersi o può decidere di imparare dai suoi errori, migliorando la sua strategia per il futuro. La resilienza gli permette di continuare a perseguire i suoi obiettivi, anche dopo una battuta d'arresto.

5.4 La gestione delle emozioni e della motivazione

Quando siamo in difficoltà, è facile che le emozioni prendano il sopravvento e ci facciano sentire impotenti. Tuttavia, è importante capire che le emozioni sono una parte naturale dell'esperienza umana e che la disciplina non significa ignorare le emozioni, ma piuttosto imparare a gestirle.

- **Perché le emozioni sono un ostacolo alla disciplina?** Le emozioni possono influenzare negativamente la nostra motivazione, specialmente quando ci sentiamo giù o sopraffatti. La paura, l'ansia e lo stress possono farci dubitare della nostra capacità di raggiungere i nostri obiettivi e portarci a procrastinare o a rinunciare.
- **Strategie per gestire le emozioni e mantenere la motivazione**:
  - **Riconosci le tue emozioni**: Invece di cercare di ignorarle, prenditi il tempo per riconoscere come ti senti. Se sei stressato, concediti un momento per rilassarti o meditare.
  - **Focalizzati su ciò che puoi controllare**: Le emozioni sono spesso legate a fattori esterni che non possiamo controllare. Concentrati su ciò che puoi fare, come completare un compito o portare avanti un progetto.
  - **Imposta obiettivi motivanti**: Tieni sempre in mente il motivo per cui hai scelto di intraprendere il tuo cammino. Ritorna alla tua motivazione intrinseca per restare ispirato, anche nei momenti difficili.

5.5 Il supporto esterno: quando chiedere aiuto

A volte, la disciplina può sembrare una battaglia solitaria. Tuttavia, in alcuni momenti di difficoltà, è utile cercare **supporto esterno**. Che si tratti di un amico, di un mentore o di un gruppo di supporto, avere qualcuno con cui confrontarsi può rendere più facile affrontare le sfide.

- **Perché il supporto esterno è importante?** Quando affrontiamo difficoltà, possiamo sentirci isolati o sopraffatti. Avere qualcuno con cui parlare o condividere le proprie preoccupazioni ci aiuta a sentirci meno soli e più motivati. Inoltre, il supporto può offrirci nuove prospettive e soluzioni ai problemi che stiamo affrontando.
- **Strategie per cercare supporto**:
  - **Condividi i tuoi obiettivi con qualcuno**: Parla con amici, familiari o colleghi dei tuoi obiettivi. Questo ti aiuterà a mantenere alta la responsabilità e ti darà un punto di vista esterno.

- **Cerca un mentore**: Un mentore può guidarti attraverso le difficoltà e offrirti consigli pratici per migliorare la tua disciplina.
- **Unisciti a una community**: Partecipa a gruppi online o a eventi di supporto dove puoi condividere esperienze e trarre ispirazione dagli altri.

5.6 La perseveranza: continuare anche quando sembra impossibile

La perseveranza è la chiave per superare le difficoltà. Anche nei momenti più difficili, la disciplina ci spinge a **continuare**, anche quando tutto sembra contro di noi. Le persone di successo non sono quelle che non affrontano mai difficoltà, ma quelle che continuano a perseverare nonostante le difficoltà.

- Come sviluppare la perseveranza?
    - **Imposta aspettative realistiche**: Non ti aspettare risultati immediati. La perseveranza implica il fatto che ci vorrà tempo, ma che ogni passo in avanti è un successo.
    - **Affronta le difficoltà con un atteggiamento positivo**: Ogni ostacolo è una lezione. La perseveranza ti permette di affrontare le difficoltà con resilienza e di emergere più forte.

5.7 Celebrare i successi nei momenti difficili

Infine, celebrare i piccoli successi è fondamentale, soprattutto quando ci troviamo ad affrontare situazioni difficili. Ogni volta che riesci a superare un ostacolo o a completare un compito nonostante le difficoltà, prenditi il tempo per riconoscere e apprezzare il tuo impegno.

- **Perché celebrare i successi è importante?** Celebrare i successi, anche piccoli, ti aiuta a mantenere la motivazione alta e ti ricorda che sei sulla strada giusta. Ogni piccolo traguardo raggiunto è un passo verso l'obiettivo finale.

Conclusione del Capitolo 5

Nei momenti difficili, la disciplina diventa ancora più essenziale. Affrontare la procrastinazione, sviluppare resilienza, gestire le emozioni e cercare supporto esterno sono tutte strategie fondamentali per continuare a lavorare verso i propri obiettivi. La perseveranza e la capacità di celebrare anche i piccoli successi ti aiuteranno a superare le difficoltà, portandoti sempre più vicino al tuo traguardo.

Capitolo 6: La disciplina nella vita quotidiana e nel lungo periodo

6.1 Creare una routine quotidiana di disciplina

Una delle chiavi per mantenere la disciplina è stabilire una **routine quotidiana**. La routine è essenziale per costruire la disciplina, perché elimina la necessità di decisioni continue su cosa fare, permettendo di concentrarsi sull'azione e di creare abitudini che si rinforzano ogni giorno.

- **Perché la routine è importante?** La routine riduce il bisogno di motivazione, poiché ti permette di lavorare senza pensarci troppo. Inoltre, stabilire una routine ti aiuta a risparmiare energia mentale, mantenendo alta la tua produttività.
- **Come creare una routine?**

- **Inizia con attività semplici**: Non cercare di sovraccaricare la tua giornata con troppi impegni. Inizia con piccole attività disciplinate come svegliarti alla stessa ora, fare una colazione sana e pianificare il giorno successivo.
- **Fai dell'esercizio fisico una parte della tua routine**: L'attività fisica quotidiana è una delle migliori abitudini che puoi adottare per mantenere alta la tua energia e la tua disciplina.
- **Stabilisci degli orari fissi per le attività**: Avere orari specifici per lavorare, studiare, riposare e socializzare ti aiuterà a mantenere un equilibrio e a costruire un'impronta stabile nella tua giornata.

6.2 La disciplina nel lungo periodo: come mantenere la costanza

Mantenere la disciplina nel lungo periodo può sembrare una sfida. Il segreto sta nel **mantenere una costanza** che non dipenda dalla motivazione temporanea ma che si basi su abitudini salde e sul proprio impegno a lungo termine.

- **Perché è difficile mantenere la disciplina a lungo termine?** La motivazione iniziale può svanire dopo un po', e ciò che inizia come un impegno entusiasta può diventare una routine faticosa. È normale che ci siano alti e bassi, ma la disciplina consiste nel persistere anche quando non ci si sente motivati.
- **Come mantenere la disciplina nel lungo periodo?**
  - **Imposta obiettivi a lungo termine chiari**: Avere una visione chiara di ciò che desideri ottenere ti aiuterà a mantenere la disciplina nel lungo periodo. Scrivi i tuoi obiettivi a lungo termine e ricordati il motivo per cui sono importanti.
  - **Fai delle revisioni periodiche**: Ogni mese o ogni trimestre, rivedi i tuoi progressi. Fai il punto su ciò che hai raggiunto e su ciò che devi migliorare. La revisione ti aiuta a mantenere il focus e ti permette di fare aggiustamenti se necessario.
  - **Accetta i momenti di debolezza**: A lungo termine, incontrerai inevitabilmente momenti in cui la disciplina vacilla. Impara ad affrontarli senza colpevolizzarti. Accettare i periodi di stanchezza o di bassa motivazione ti aiuta a rialzarti più facilmente.

6.3 La disciplina e la gestione del tempo

Una delle abilità più importanti che si sviluppa attraverso la disciplina è la **gestione del tempo**. Imparare a gestire il proprio tempo in modo efficace è essenziale per mantenere alta la produttività e per evitare il burnout.

- **Perché la gestione del tempo è cruciale?** Senza una gestione efficace del tempo, è facile cadere nella trappola della procrastinazione o di un sovraccarico di attività. La disciplina aiuta a stabilire le giuste priorità e a dedicare il tempo necessario alle attività più importanti.
- **Come migliorare la gestione del tempo?**
  - **Pianifica la giornata la sera prima**: La sera, prendi qualche minuto per pianificare le attività della giornata successiva. Inizia con le cose più importanti e cerca di allocare tempi specifici per ogni compito.
  - **Usa il Time-blocking**: Il time-blocking consiste nell'assegnare blocchi di tempo specifici a determinate attività. Ad esempio, puoi decidere che dalle 9:00 alle 11:00 lavorerai su un progetto importante, senza distrazioni.

- **Dì no alle distrazioni**: Durante i blocchi di lavoro, elimina le distrazioni (telefono, social media, e-mail). Concentrati solo sull'attività che stai svolgendo.

6.4 L'importanza delle abitudini sane

Le **abitudini sane** sono essenziali per mantenere la disciplina. Non si tratta solo di abitudini lavorative o professionali, ma anche di quelle relative al benessere fisico e mentale. Quando coltivi abitudini positive, la disciplina diventa parte naturale della tua vita.

- **Perché le abitudini sane sono importanti?** Le abitudini sane migliorano la tua energia, la tua concentrazione e la tua resilienza, permettendoti di mantenere alta la disciplina a lungo termine. Senza una base solida di benessere, è difficile mantenere la motivazione e la produttività.
- **Come sviluppare abitudini sane?**
  - **Alimentazione sana**: Mangiare cibi che supportano la tua energia e la tua salute mentale ti aiuta a essere più disciplinato. Pianifica pasti equilibrati e ricchi di nutrienti.
  - **Sonno di qualità**: Dormire a sufficienza è cruciale per mantenere alta la disciplina. Quando sei ben riposato, la tua mente è più lucida e meno incline alle distrazioni.
  - **Esercizio fisico regolare**: L'attività fisica è fondamentale per mantenere una mente sana e una disciplina forte. Che si tratti di una passeggiata, di yoga o di un allenamento in palestra, l'esercizio ti aiuta a gestire lo stress e ad avere una maggiore resistenza.

6.5 Sostenere la motivazione e la disciplina con un forte perché

La motivazione è il motore che alimenta la disciplina, ma per mantenerla nel lungo periodo è fondamentale avere un **forte perché**, ovvero un motivo profondo per cui stai perseguendo i tuoi obiettivi. Un forte perché ti aiuterà a superare gli ostacoli e a mantenere alta la tua energia anche quando le sfide sembrano insormontabili.

- **Come trovare il tuo perché?**
  - **Rifletti sui tuoi obiettivi**: Chiediti cosa ti spinge a voler raggiungere questi obiettivi. È per crescere personalmente? È per migliorare la tua vita o quella degli altri? Un motivo chiaro ti aiuterà a mantenere la disciplina anche nei momenti difficili.
  - **Scrivi il tuo perché**: Mettere nero su bianco il motivo per cui stai perseguendo un obiettivo ti aiuta a visualizzarlo e a ricordarlo quotidianamente. Può essere utile rileggere questo scritto quando senti che la motivazione sta calando.

6.6 Monitorare i progressi a lungo termine

Nel lungo periodo, è importante monitorare i tuoi progressi per mantenere la motivazione alta. Se non vedi miglioramenti, può diventare difficile restare disciplinato. Il monitoraggio regolare ti permette di vedere quanto hai fatto, che ti incoraggia a continuare.

- **Come monitorare i progressi a lungo termine?**
  - **Fai bilanci periodici**: Ogni mese o ogni trimestre, fai un bilancio dei progressi fatti. Scrivi una lista di ciò che hai raggiunto, anche se sembrano piccoli passi. Questo ti aiuterà a vedere che ogni giorno di disciplina porta a dei risultati tangibili.

- **Fissa nuovi obiettivi**: Una volta raggiunto un obiettivo, fissa nuovi traguardi. Questo ti aiuterà a mantenere la disciplina attiva e ti permetterà di evolvere nel tempo.

Conclusione del Capitolo 6

Mantenere la disciplina nella vita quotidiana e nel lungo periodo è un processo che richiede costanza, routine, una gestione efficace del tempo e l'integrazione di abitudini sane. Avere un forte motivo, o "perché", ti aiuterà a perseverare anche quando la motivazione calerà, mentre il monitoraggio dei progressi ti darà la spinta per andare avanti. Con questi strumenti, la disciplina diventa non solo una pratica quotidiana, ma un elemento fondamentale che ti guida verso il successo a lungo termine.

Capitolo 7: La Disciplina come Forza Interiore

La disciplina non è solo una questione di azioni esterne o di raggiungimento di obiettivi tangibili. È anche una qualità che si radica profondamente dentro di noi, una forza interiore che ci permette di perseverare, di restare concentrati e di non arrenderci di fronte alle difficoltà. In questo capitolo esploreremo come la disciplina possa essere coltivata come una forza mentale e spirituale, capace di guidarci verso una vita più equilibrata e soddisfacente.

1. La disciplina come forza mentale

La forza mentale è una delle risorse più potenti di cui disponiamo, ed è direttamente legata alla disciplina. Essere disciplinati non significa solo fare ciò che è necessario quando è necessario, ma anche allenare la mente a superare l'impulso immediato di cercare gratificazione istantanea. La disciplina mentale ci permette di prendere decisioni difficili, ma necessarie, di mantenere il focus sugli obiettivi a lungo termine e di resistere alla tentazione di cedere alla procrastinazione o alla pigrizia.

Il potere del pensiero disciplinato: La disciplina mentale comincia con il controllo dei pensieri. Se sei in grado di controllare i tuoi pensieri e di mantenerli allineati con i tuoi obiettivi, sarai in grado di agire in modo coerente e determinato, anche quando le circostanze sono difficili.

Esercizio pratico: Ogni volta che ti trovi a fronteggiare una decisione difficile, fermati un momento per riflettere. Quale decisione ti avvicina di più ai tuoi obiettivi a lungo termine? Quale ti spinge a cercare una gratificazione immediata ma momentanea? Impara a prendere decisioni basate sulla disciplina mentale, non sull'impulso.

2. La disciplina come resistenza all'auto-sabotaggio

Il più grande ostacolo che incontriamo quando cerchiamo di sviluppare la disciplina è spesso **noi stessi**. Le voci interne di dubbio, paura o pigrizia possono sabotare i nostri sforzi. La disciplina non è solo una battaglia contro le circostanze esterne, ma anche una lotta contro i propri pensieri e comportamenti auto-sabotanti.

Sopportare il disagio per crescere: Molto spesso, la disciplina ci richiede di sopportare temporanei disagi per ottenere vantaggi a lungo termine. Può trattarsi di resistere alla tentazione di una pausa quando siamo impegnati in un progetto importante, o di affrontare l'inconveniente di fare attività fisica quando siamo stanchi. Questi disagi sono momentanei e fanno parte del processo di crescita. La disciplina ti insegna a non fuggire dal discomfort, ma a usarlo come una spinta verso il miglioramento.

Esercizio pratico: Ogni volta che senti una spinta ad auto-sabotarti, fermati e chiediti: "Sto scegliendo il mio futuro migliore o sto facendo una scelta che mi allontana dai miei obiettivi?". Scrivi la tua risposta e agisci in modo coerente con i tuoi obiettivi.

3. La disciplina come forza spirituale

La disciplina non è solo un aspetto mentale o fisico, ma ha anche una componente spirituale profonda. Coltivare la disciplina implica un impegno con noi stessi a livello più profondo, in cui ci dedichiamo alla crescita della nostra anima e della nostra capacità di agire secondo principi e valori saldi. Questo tipo di disciplina spirituale ci aiuta a mantenere la calma interiore e la pace, anche nei momenti di stress o confusione.

La connessione con i valori interiori: La disciplina spirituale si radica nella consapevolezza di ciò che è veramente importante per noi. Se i tuoi obiettivi e la tua disciplina sono allineati con i tuoi valori più profondi, la motivazione diventa una forza che ti guida attraverso ogni sfida, rendendo ogni passo verso il successo una manifestazione dei tuoi principi interiori.

Esercizio pratico: Rifletti sui tuoi valori più profondi. Cosa è veramente importante per te nella vita? Come possono la disciplina e le tue azioni quotidiane essere allineate con questi valori? Scrivi una lista di valori e inizia a pianificare le tue azioni quotidiane per allinearli con il tuo scopo spirituale.

4. La disciplina come perseveranza nelle difficoltà

La disciplina vera e propria si misura nei momenti di difficoltà. Quando tutto sembra andare storto, quando ci sentiamo stanchi o disincantati, la disciplina è la forza che ci permette di non abbandonare. È la perseveranza che ci spinge a continuare a muoverci verso i nostri obiettivi, nonostante le sfide.

Come affrontare le difficoltà con disciplina: Ogni volta che affrontiamo difficoltà, possiamo scegliere di arrenderci o di affrontarle con disciplina. La disciplina ci dà la forza di restare motivati, di cercare soluzioni invece di concentrarci sul problema e di persistere, anche quando il cammino diventa più arduo.

Esercizio pratico: Immagina una situazione difficile che stai vivendo attualmente o che potresti dover affrontare in futuro. Pianifica un'azione disciplinata che ti aiuterà ad affrontarla con calma e determinazione. Scrivi cosa farai nei momenti di difficoltà per mantenere la disciplina e continuare a progredire.

5. La disciplina come strumento di autodisciplina

La forza interiore che deriva dalla disciplina non è solo esterna, ma si costruisce attraverso pratiche di autodisciplina. Ogni volta che ci impegniamo a fare ciò che è giusto, anche quando non è facile o piacevole, stiamo costruendo una forza interiore che diventerà la base della nostra capacità di affrontare ogni sfida della vita. La disciplina ci insegna a dire "no" a ciò che è superfluo e "sì" a ciò che è veramente importante.

La creazione di routine disciplinate: Una delle chiavi per rafforzare la disciplina è creare routine quotidiane che ci aiutano a restare concentrati sugli obiettivi. La consistenza nelle azioni quotidiane crea un potere che si radica in noi e diventa una forza interiore di cui possiamo fare affidamento.

Esercizio pratico: Scegli una piccola routine quotidiana che puoi implementare ogni giorno per migliorare la tua autodisciplina. Potrebbe essere una pratica di meditazione, leggere per 10 minuti ogni mattina, o fare una passeggiata dopo il lavoro. L'importante è che sia una pratica costante che contribuisca al tuo miglioramento.

Conclusione del Capitolo:

La disciplina, come forza interiore, è ciò che ci consente di affrontare la vita con una solida determinazione. Quando la coltiviamo come forza mentale, spirituale e di perseveranza, la disciplina diventa una risorsa inesauribile che possiamo attingere in ogni momento di difficoltà. Non è solo il mezzo per raggiungere obiettivi concreti, ma il fondamento di una vita più equilibrata, centrata e capace di affrontare ogni sfida.

La disciplina come forza interiore ci permette di agire con consapevolezza, di perseverare nelle difficoltà e di rimanere fedeli a noi stessi e ai nostri valori. Attraverso questa forza, possiamo superare qualsiasi ostacolo e trasformare ogni sfida in un'opportunità per crescere e migliorare.

Capitolo 8: Sostenere la Disciplina nel Lungo Periodo

La disciplina non è solo una qualità che si applica nei momenti di grande motivazione. Il vero potere della disciplina emerge quando riusciamo a mantenerla costante nel tempo, a non cedere quando la novità svanisce e la fatica si fa sentire. Sostenere la disciplina nel lungo periodo è la chiave per il successo duraturo, ma richiede consapevolezza, strategia e resilienza. In questo capitolo esploreremo come mantenere il fuoco della disciplina acceso nel lungo periodo, attraverso routine, mindset e tecniche per non perdere di vista gli obiettivi.

1. Creare routine che sostengano la disciplina

Le routine sono la spina dorsale della disciplina a lungo termine. Quando ci affidiamo a routine quotidiane, la disciplina diventa un'abitudine, e un'abitudine non richiede ogni volta un grande sforzo mentale per essere attuata. Una routine solida e ben strutturata è la chiave per non perdere la strada, anche quando le circostanze cambiano e la motivazione cala.

L'importanza della ripetizione: La chiave della disciplina a lungo termine sta nella ripetizione. Ripetere gli stessi comportamenti positivi ogni giorno crea un'abitudine che è difficile da rompere. All'inizio, ogni azione disciplinata richiede forza di volontà, ma col tempo diventa naturale, quasi automatica. Le abitudini che facciamo nostre ci danno una stabilità mentale che ci permette di affrontare anche le sfide più difficili senza perdere la rotta.

Esercizio pratico: Stabilisci una routine quotidiana che includa i tuoi obiettivi principali, come attività fisica, lettura, studio o lavoro produttivo. Concentrati su un'azione che vuoi fare ogni giorno, indipendentemente dalle circostanze. La costanza di questi piccoli gesti ti aiuterà a mantenere viva la disciplina nel lungo periodo.

2. La disciplina come alleata nelle difficoltà

La disciplina non è solo una qualità che ci sostiene nei periodi di tranquillità o quando ci sentiamo motivati. È nel momento della difficoltà che la disciplina emerge come una risorsa potente. Quando incontriamo ostacoli, la disciplina ci aiuta a restare concentrati e a non arrenderci, anche quando i risultati sembrano lontani o quando il percorso si fa più arduo.

Gestire la fatica mentale: Quando siamo stanchi, stressati o sopraffatti, la disciplina ci aiuta a spingerci oltre, a non lasciare che il burnout o la frustrazione ci impediscano di continuare. La capacità di affrontare momenti di difficoltà con determinazione e perseveranza è ciò che distingue chi ha successo nel lungo termine da chi cede facilmente agli ostacoli.

Esercizio pratico: Durante una settimana particolarmente difficile, trova un modo per integrare attività che ti rinforzino mentalmente e fisicamente. Può trattarsi di una passeggiata, di una meditazione, di scrivere un diario o di una conversazione motivante con qualcuno che ti sostiene. Questi momenti di pausa disciplinata ti aiuteranno a rimanere saldo e a ritrovare la forza per continuare.

3. Monitorare il progresso per rimanere motivati

Nel lungo periodo, mantenere alta la motivazione può diventare difficile. Uno dei modi più efficaci per sostenere la disciplina è monitorare costantemente i progressi, anche i più piccoli. Vedere i miglioramenti, anche se graduali, ci aiuta a mantenere viva la motivazione. Riconoscere i propri successi, anche quelli quotidiani, è fondamentale per sentirsi motivati a continuare il percorso.

Il potere delle piccole vittorie: Le piccole vittorie quotidiane, che spesso sembrano irrilevanti, sono in realtà il carburante che alimenta la disciplina a lungo termine. Ogni passo che compi, ogni giorno in cui ti attieni al tuo piano, è una vittoria. Con il tempo, queste vittorie si accumulano e portano a un progresso tangibile.

Esercizio pratico: Ogni giorno, alla fine della giornata, scrivi una cosa che hai fatto che ti avvicina al tuo obiettivo. Può essere anche una piccola azione, ma che dimostra il tuo impegno e la tua disciplina. Rileggere queste voci alla fine della settimana ti aiuterà a vedere il progresso che hai fatto e ti motiverà a continuare.

4. La disciplina e la gestione dei fallimenti

Anche se lavoriamo duramente per mantenere la disciplina, inevitabilmente ci saranno momenti in cui falliremo o quando non otterremo i risultati che speravamo. In questi momenti, la disciplina ci aiuta a non mollare, a non lasciarci abbattere dal fallimento. La resilienza, una delle qualità più importanti legate alla disciplina, è ciò che ci permette di rimanere in pista anche dopo un insuccesso.

Imparare dal fallimento: La disciplina non significa evitare i fallimenti, ma piuttosto imparare a gestirli. Ogni volta che falliamo, abbiamo l'opportunità di crescere, di adattare le nostre strategie e di ripartire con maggiore consapevolezza. È importante non lasciare che un fallimento determini il nostro cammino, ma usarlo come un trampolino di lancio per migliorare.

Esercizio pratico: Quando fallisci, chiediti: "Cosa posso imparare da questo errore?" Prendi il tempo per analizzare la situazione e scrivi le lezioni che ne hai tratto. Pianifica come potresti fare diversamente in futuro. Questa consapevolezza ti aiuterà a non perdere la motivazione e a continuare con il tuo percorso.

5. La disciplina come forma di amore per se stessi

Mantenere la disciplina a lungo termine significa anche imparare a trattarsi con gentilezza e rispetto. A volte, la motivazione e la disciplina possono sembrare imposte dall'esterno o come un obbligo, ma in realtà dovrebbero essere una forma di amore e cura per noi stessi. Agire in modo disciplinato non è solo una forma di raggiungimento degli obiettivi, ma anche una scelta per migliorare il nostro benessere a lungo termine.

L'importanza della cura di sé: Essere disciplinati non significa rinunciare al riposo o al benessere emotivo. Anzi, una vera disciplina implica anche il prendersi cura di sé stessi, riconoscendo quando è necessario fare una pausa e ricaricarsi. La disciplina dovrebbe includere il rispetto per il nostro corpo e la nostra mente, non solo per i nostri obiettivi materiali.

Esercizio pratico: Programma regolarmente delle pause, dei momenti di relax o attività che ti rigenerano. Questi momenti sono essenziali per mantenere un equilibrio sano nella tua disciplina e nella tua vita quotidiana.

Conclusione del Capitolo:

Sostenere la disciplina nel lungo periodo è un processo che richiede costanza, resilienza e capacità di adattamento. È facile essere disciplinati quando siamo motivati, ma la vera sfida sta nel mantenere l'impegno giorno dopo giorno, anche quando la motivazione cala o quando le difficoltà si presentano. Creare routine solide, monitorare i progressi e imparare dai fallimenti sono tutti passi fondamentali per costruire una disciplina che non solo ti permetta di raggiungere i tuoi obiettivi, ma che trasformi anche la tua vita in un viaggio di crescita costante.

Il successo a lungo termine è il risultato di azioni piccole ma quotidiane, sostenute dalla disciplina. Se riuscirai a mantenere la tua disciplina viva nel tempo, vedrai il cambiamento e il progresso che desideri, sia nel raggiungimento dei tuoi obiettivi che nel miglioramento del tuo benessere personale.

Conclusione: La disciplina come chiave per il successo duraturo

Abbiamo esplorato insieme l'importanza della disciplina come fondamento del successo in ogni aspetto della vita. In ogni capitolo, abbiamo visto come la disciplina non sia una qualità innata, ma una forza che possiamo sviluppare e rafforzare con il tempo. La disciplina è la capacità di agire in modo coerente, anche quando non siamo motivati, di perseverare di fronte alle difficoltà e di adottare abitudini che ci avvicinano costantemente ai nostri obiettivi.

È importante capire che la disciplina non è solo un mezzo per raggiungere il successo, ma una vera e propria filosofia di vita. È un modo di pensare che ci permette di affrontare le sfide quotidiane con determinazione, senza mai arrenderci di fronte agli ostacoli. Con una routine ben definita, una gestione efficace del tempo, e una mentalità resiliente, possiamo superare qualsiasi difficoltà e trasformare ogni piccolo passo in un progresso verso il nostro grande obiettivo.

Ricorda che la disciplina è una pratica che si costruisce ogni giorno. Non è necessario essere perfetti, ma è fondamentale essere costanti. Se commetti degli errori, non abbatterti: ogni difficoltà è un'opportunità per imparare e crescere. La disciplina, come una muscolatura, si rinforza con la pratica e il tempo, e ti guiderà verso un futuro ricco di successi.

Sii paziente con te stesso, continua a perseverare e, soprattutto, credi nel potere che la disciplina ha di trasformare la tua vita.

Appendice: Strumenti e Risorse per Coltivare la Disciplina

In questa sezione finale, ti offriamo alcune risorse pratiche per aiutarti a mettere in pratica ciò che hai imparato nel libro. Questi strumenti possono supportarti nel percorso verso una vita più disciplinata e orientata al successo.

1. Diario della Disciplina

Un **diario della disciplina** è uno strumento potente per monitorare i tuoi progressi quotidiani. Ogni giorno, dedica alcuni minuti a riflettere sulle tue azioni, sulle sfide affrontate e sui successi ottenuti. Puoi usare questo diario per:

- Annotare i tuoi obiettivi quotidiani.
- Registrare le difficoltà che hai incontrato e come le hai superate.
- Celebrare ogni piccolo traguardo raggiunto.

Un diario ti aiuterà a restare concentrato e motivato, oltre a fungere da promemoria per la tua crescita.

2. Tecniche di Time-Blocking

Come discusso nel capitolo 6, la **gestione del tempo** è un aspetto cruciale della disciplina. Una delle tecniche più efficaci per farlo è il **time-blocking**, che consiste nell'assegnare blocchi di tempo specifici a determinati compiti. Puoi utilizzare un'app di calendario o semplicemente scrivere su carta i blocchi di tempo giornalieri, dedicando periodi specifici a lavoro, studio, riposo e attività fisiche.

3. Programma di Abitudini Sane

Per coltivare la disciplina nel lungo periodo, è fondamentale costruire abitudini quotidiane che favoriscano il tuo benessere fisico e mentale. Ecco un esempio di programma settimanale che puoi adattare alle tue esigenze:

- **Lunedì - Venerdì**:
    - 7:00 - 8:00: Esercizio fisico (camminata, yoga, palestra).
    - 8:00 - 9:00: Colazione sana e preparazione della giornata.
    - 9:00 - 12:00: Lavoro/Studio.
    - 12:00 - 13:00: Pausa pranzo sana e breve passeggiata.
    - 13:00 - 18:00: Continuazione attività lavorativa o studio.
    - 18:00 - 19:00: Tempo libero per hobby, lettura o relax.
    - 22:00: Preparazione per il sonno.
- **Sabato - Domenica**:
    - Rivedi la settimana trascorsa, celebra i tuoi successi e pianifica la settimana successiva. Prenditi anche il tempo per ricaricare le energie con attività che ti piacciono.

4. Applicazioni per la Disciplina e la Motivazione

Esistono diverse applicazioni che possono aiutarti a restare disciplinato e motivato. Ecco alcune delle più popolari:

- **Habitica**: Un'app che ti permette di trasformare il raggiungimento delle tue abitudini in un gioco. Ogni volta che completi una task, guadagni punti che ti aiutano a progredire nel gioco.
- **Trello**: Perfetta per organizzare progetti, task giornalieri e obiettivi a lungo termine. Ti aiuta a visualizzare chiaramente le tue attività e a restare motivato.
- **Forest**: Un'app che ti aiuta a rimanere concentrato eliminando le distrazioni. Piantando alberi virtuali, ti motivi a rimanere concentrato per determinati periodi di tempo.

5. Libri e Risorse Consigliati

Oltre a questo libro, ci sono numerosi altri libri e risorse che ti aiuteranno a sviluppare una mentalità disciplinata. Ecco alcuni suggerimenti:

- **"Atomic Habits" di James Clear**: Un libro imperdibile per imparare a costruire abitudini efficaci e durature.
- **"The Power of Habit" di Charles Duhigg**: Un altro eccellente libro che esplora il potere delle abitudini e come cambiarle.
- **"Mindset: The New Psychology of Success" di Carol Dweck**: Un libro che ti aiuta a sviluppare una mentalità di crescita, fondamentale per la disciplina.

6. Gruppi di Supporto

Unisciti a gruppi di supporto, sia online che offline, dove puoi condividere i tuoi progressi, ricevere feedback e motivarti a vicenda. Avere un gruppo che ti sostiene può fare la differenza nei momenti di difficoltà, mantenendo alta la tua motivazione e la tua disciplina.

Conclusione dell'Appendice

Questi strumenti e risorse ti permetteranno di applicare i concetti che hai appreso in questo libro nella tua vita quotidiana. Ricorda che la disciplina è una pratica che si costruisce nel tempo, ma con impegno, costanza e le giuste risorse, puoi sviluppare una disciplina che ti guiderà verso il successo. Buon viaggio nella tua crescita personale!

www.ingramcontent.com/pod-product-compliance
Lightning Source LLC
Chambersburg PA
CBHW070946220526
45469CB00007B/2535